BEI GRIN MACHT SICH IHR WISSEN BEZAHLT

- Wir veröffentlichen Ihre Hausarbeit, Bachelor- und Masterarbeit

- Ihr eigenes eBook und Buch - weltweit in allen wichtigen Shops

- Verdienen Sie an jedem Verkauf

Jetzt bei www.GRIN.com hochladen und kostenlos publizieren

Helmut Jeremias

**Der Gallierexkurs Caesars (Bellum Gallicum, VI 11-20).
Eine Quellenbearbeitung**

GRIN Verlag

Bibliografische Information der Deutschen Nationalbibliothek:

Die Deutsche Bibliothek verzeichnet diese Publikation in der Deutschen Nationalbibliografie; detaillierte bibliografische Daten sind im Internet über http://dnb.d-nb.de/ abrufbar.

Dieses Werk sowie alle darin enthaltenen einzelnen Beiträge und Abbildungen sind urheberrechtlich geschützt. Jede Verwertung, die nicht ausdrücklich vom Urheberrechtsschutz zugelassen ist, bedarf der vorherigen Zustimmung des Verlages. Das gilt insbesondere für Vervielfältigungen, Bearbeitungen, Übersetzungen, Mikroverfilmungen, Auswertungen durch Datenbanken und für die Einspeicherung und Verarbeitung in elektronische Systeme. Alle Rechte, auch die des auszugsweisen Nachdrucks, der fotomechanischen Wiedergabe (einschließlich Mikrokopie) sowie der Auswertung durch Datenbanken oder ähnliche Einrichtungen, vorbehalten.

Impressum:

Copyright © 2003 GRIN Verlag GmbH
Druck und Bindung: Books on Demand GmbH, Norderstedt Germany
ISBN: 978-3-656-73124-5

Dieses Buch bei GRIN:

http://www.grin.com/de/e-book/279383/der-gallierexkurs-caesars-bellum-gallicum-vi-11-20-eine-quellenbearbeitung

GRIN - Your knowledge has value

Der GRIN Verlag publiziert seit 1998 wissenschaftliche Arbeiten von Studenten, Hochschullehrern und anderen Akademikern als eBook und gedrucktes Buch. Die Verlagswebsite www.grin.com ist die ideale Plattform zur Veröffentlichung von Hausarbeiten, Abschlussarbeiten, wissenschaftlichen Aufsätzen, Dissertationen und Fachbüchern.

Besuchen Sie uns im Internet:

http://www.grin.com/

http://www.facebook.com/grincom

http://www.twitter.com/grin_com

Quellenbearbeitung

Der Gallierexkurs Caesars (Bellum Gallicum, VI 11-20)

Eingereicht von: Helmut Jeremias

Wintersemester 2002/03

Inhalt

1. Zur Funktion der Exkurse im Bellum Gallicum
2. Der Gallierexkurs
2.1. Inhalt
2.2. Textkritik
3. Verwertbarkeit als historische Quelle
4. Rezeption, Nachleben

---

1. Zur Funktion der Exkurse im Bellum Gallicum

Caesars Comentariien nehmen unter den Geschichtswerken eine besondere Stellung ein, weil sie vom Feldherr selbst geschrieben wurden. Deshalb sollte man sich bei jeder Bearbeitung dessen Intentionen ins Gedächtnis rufen. Der Prokonsul schrieb sie als eine Art Bericht, um dem Senat und dem römischen Volk seine Leistungen in Gallien vorzustellen und zur Rechtfertigung und Erklärung seiner Handlungen. Der objektiv anmutende Stil darf also nicht darüber hinwegtäuschen, dass Caesar viele Dinge zu seinen Gunsten dargestellt hat

Über die Exkurse, die im Werk sehr zahlreich vorkommen, und ihre Funktion ist viel geschrieben worden, nach wie vor gibt es hierzu kontroverse Meinungen. Unter ihnen nimmt der Gallier- und Germanenexkurs im sechsten Buch – nicht nur wegen seiner Länge – eine besondere Stellung ein.

Ethnographische Exkurse sind in der antiken Geschichtsschreibung sehr beliebt und kommen häufig vor. Sie dienen in erster Linie zur Information der Leser über fremde und bis dato unbekannte Völker und deren Lebensweise. Caesars Exkurse weichen davon ab, sie erfüllen im Werk verschiedenste Funktionen. Einige dienen vorwiegend dazu, dem Leser neue Kenntnisse zu vermitteln; ein Beispiel hierfür ist der Britannienexkurs. Mit seinen beiden Landungen auf der Insel hatte der Prokonsul ein Land betreten, über das in Rom bis dahin fast gar nichts bekannt war. Insofern ist es nur natürlich, dass er seine Erlebnisse darüber festhält.

Bernhard Kremer schreibt dazu:

„Was die Vorstöße nach Britannien und über den Rhein anbelangt, so konnte er [Caesar] für sich in Anspruch nehmen, völliges Neuland betreten zu haben, von dem im übrigen nicht einmal Kaufleute und Händler sichere Nachrichten zu liefern in der Lage waren. Entsprechend konnte Caesar gerade für diejenigen Unternehmen, ..., auf das gesteigerte Interesse des Publikums in Rom rechnen."[1] Andere Exkurse dienen zum besseren Verständnis der Lage oder zur Erklärung bestimmter Entwicklungen. Hier könnte man z.B. III 7-8 anführen, wo Caesar seine Gründe für den Krieg mit den gallischen Seestaaten anführt.[2] An anderer Stelle werden Abschweifungen eingefügt, um von einem für Caesar ungünstigen Verlauf der Handlung abzulenken. Abschließend ist noch zu bemerken, dass ein Exkurs durchaus mehrere Funktionen erfüllen kann, über die sich auch die Interpreten nicht immer einig sind. Alles weitere werde ich in den folgenden Abschnitten behandeln.

2. Der Gallierexkurs (VI 11-20)

2.1. Inhaltsangabe

Der Gallierexkurs ist formal und inhaltlich eng mit dem anschließenden Germanenexkurs (VI 21-24) verknüpft, dies zeigt sich schon durch Caesars einleitende Bemerkung in Kapitel 11: *„Quoniam ad hunc locum perventum est, non alienum esse viedetur de Galliae Germaniaeque moribus et, quo differant hae nationes inter sese, proponere."*[3] Deshalb fasse ich hier die Kapitel VI 11-24 zusammen.

Die Kapitel 11 und 12 handeln vom gallischen Klientel- und Parteiwesen. Der Prokonsul bemerkt, dass ganz Gallien von zwei Parteien beherrscht wird. In Kapitel 12 fasst er die Situation vor Beginn des Krieges zusammen (Kämpfe zwischen den Parteien der Häduer und Sequaner um die Vormacht) und berichtet von seinem ersten Eingreifen. Danach wendet er sich der Gesellschaftsordnung (13) zu. Caesar sagt, im ganzen Land gäbe es nur zwei Klassen, die über Macht und Einfluss verfügten. Dies wären die Druiden und Ritter (equites). Zur übrigen Bevölkerung vermerkt er, dass „... nam plebes paene servorum habetur loco..."[4] Sehr ausführlich widmet er sich dann den Druiden (Kap. 13 und 14), schreibt über deren Ausbildung, Organisation, Stellung und Aufgaben. Diese werden als äußerst einflussreich und bedeutend dargestellt. Dagegen werden die equites in Kapitel 15 geradezu vernachlässigt. Von ihnen heißt es nur, dass sie die Führung in den Kriegen überhätten.

---

[1] Bernhard Maier, Das Bild der Kelten bis in augusteische Zeit. Studien eines antiken Feindbildes bei griechischen und römischen Autoren (=Historia: Einzelschriften.88.), (Stuttgart 1994) 203f.
[2] Vgl. Franz Beckmann, Geographie und Ethnographie in Caesars Bellum Gallicum (Dortmund 1930) 142.
[3] C. Iulius Caesar, Der Gallische Krieg (ed. Otto Schönberger, Sammlung Tusculum) VI 11.
[4] Caesar, Bellum Gallicum VI 13.

16,17 und 18 behandeln das Thema Religion und Aberglaube, wobei in 17 eine Auswahl der gallischen Götter in der interpretatio Romana beschrieben wird. Auch berichtet Caesar über die Menschenopfer. In diesem Zusammenhang werden wieder die Druiden erwähnt. Das folgende Kapitel (19) beschreibt Gewohnheiten und Recht rund um die Ehe. Auch hier berichtet der Prokonsul von keltischer Grausamkeit. 20 geht auf Stammesverfassungen und eine Art Zensur bei manchen ein. Danach beginnt der Germanenexkurs. Gleich zu Anfang wird festgehalten, dass die Germanen sich stark von den Galliern unterscheiden. Caesar sagt, sie hätten nur einfache Göttervorstellungen (Sonne, Mond, Feuer) und ihr Leben sei hauptsächlich auf Jagd und Krieg ausgerichtet. Kapitel 22 geht kurz auf den Ackerbau ein, dem die Germanen allerdings wenig Wert beimessen. Ständiger Landbesitz sei ihnen unbekannt. Dadurch wollen sie verhindern, dass ihre Kriegslust und Tapferkeit schwinden. Auch 23 handelt in erster Linie von Kriegsgewohnheiten und Beutezügen. Führer würden sich die Germanen nur für Beutezüge auswählen. Im letzten Kapitel des Exkurses kommt es zu einem Vergleich zwischen beiden Völkern. Früher wären die Gallier tapferer als die Germanen gewesen, bemerkt der Prokonsul. In letzter Zeit haben sich ihre Interessensschwerpunkte aber verlagert, was u.a. auf den Einfluss der römischen Kultur zurückzuführen sei.

Die Kapitel 25-28 handeln vom Hercynischen Wald, wobei nach wie vor unklar ist, ob diese interpoliert worden sind oder nicht. Danach wird wieder der Verlauf des Feldzuges geschildert.

2.2. Textkritik

Wie schon erwähnt nimmt dieser unter den Exkursen im Bellum Gallicum eine besondere Stellung ein. Zum einen ist schon seine Länge von 10 Kapiteln auffällig[5], zum anderen seine Stellung im Text. Mitten in der Schilderung des zweiten Rheinüberganges bricht Caesar ab und beginnt mit der Gegenüberstellung von Galliern und Germanen. Dies begründet er damit, dass es ihm nun geeignet scheint, die beiden Völker zu vergleichen. Über die Position des Exkurses im Text hat es in der Wissenschaft kontroverse Meinungen gegeben. Franz Beckmann vertritt unter Berufung auf Norden und A. von Mess die Ansicht, dass die Stelle sehr passend gewählt wäre. Mit dem zweiten Rheinübergang kommt Caesar zum letzten Mal während des Gallischen Krieges in Kontakt mit den Germanen. Er meint hier biete sich die

---

[5] Die Schilderung der Sueben beispielsweise umfasst 3 Kapitel (IV 1-3).

Gelegenheit alle bisher gemachten Beobachtungen über die beiden Völker zusammenzufassen und zu ergänzen.[6] Immer wieder ist allerdings auch der Vorwurf aufgetaucht, Caesar habe sich diese Stelle ausgesucht, um vom Misserfolg seiner zweiten Germanienexpedition abzulenken.[7] Dieser Gedanke ist wohl nicht ganz von der Hand zu weisen, denn der Prokonsul brach das Unternehmen ab, ohne etwas erreicht zu haben. Ich denke, beide Argumente haben eine gewisse Berechtigung. Eine nähere Betrachtung von Inhalt und Aufbau bringt vielleicht mehr Klarheit in mögliche Intentionen des Autors. Hierbei möchte ich noch einmal auf den Einleitungssatz zurückkommen, wo es heißt: „...de Galliae Germaniaeque moribus et, quo differant hae nationes inter sese, proponere."[8] (Dieser scheint mir für eine Interpretation nämlich sehr wichtig.) Caesar möchte also über die Sitten der beiden Völker und die Unterschiede schreiben. Mit anderen Worten, der Exkurs ist als Vergleich angelegt. Deshalb habe ich früher gesagt, dass man den Gallierexkurs nicht ohne Bezug auf die Germanen sehen sollte. Betrachtet man nun den Inhalt etwas genauer fällt etwas auf. Für einen Vergleich behandelt der Autor bei den beiden Völkern jeweils sehr unterschiedliche Themen.[9] So beschäftigt er sich bei den Galliern hauptsächlich mit politischen (staatlichen) und religiösen Dingen, während bei den Germanen Lebensweise, Mentalität, Aussehen und ähnliches im Vordergrund stehen. Sie werden als wild, barbarisch und kriegerisch dargestellt, haben keine differenzierte Gesellschaft und sind nicht einmal wirklich sesshaft. Dagegen werden die Gallier als geradezu kultiviert dargestellt, bzw. kulturelle Aspekte werden bei ihnen besonders hervorgehoben. Sie haben Gesetze und Stammesverfassungen, eine ausgeprägte Religion. Ihre Priester, die Druiden, nehmen im Exkurs eine zentrale Rolle ein. Auch fällt auf, dass der Gallierexkurs sehr viel länger ist. Besonders ausführlich werden in ihm Religion, Parteiwesen und die Druiden dargestellt. Die inhaltliche Gewichtung ist bei den Exkursen unterschiedlich ist. Nun stellt sich die Frage warum. Bei den Galliern wird kaum über Themen wie Lebensweise, Ackerbau, Kleidung, Aussehen etc. geschrieben. Eine Erklärung wäre, dass man in Rom schon sehr viel über die Kelten wusste. Immerhin konnten die Römer auf mehr als 3 Jahrhunderte Auseinandersetzung mit diesem Volk zurückblicken. Der Kontakt begann wohl mit dem Galliersturm (sagenhaft 387 v.Chr.) und setzte sich bis in Caesars Tage fort. Zudem konnte man auf die Werke griechischer Autoren wie Poseidonios, Strabon und Diodor von Sizilien zurückgreifen, die über solch klassische Themen schrieben. Es wäre also sinnlos

---

[6] Vgl. F. Beckmann, Geographie und Ethnographie, 146f.
[7] Vgl. Thorsten Lorenz, Caesar. De bello Gallico VI 11-20. Der Gallierexkurs (www.bellogallico.de) 4.
[8] Caesar, Bellum Gallicum VI 11.
[9] Vgl. Bernhard Kremer, Das Keltenbild bis Augustus, 205-11.

gewesen, solche Informationen zu verbreiten. Moderne Interpreten meinen noch einen anderen Grund für diese Gewichtung zu erkennen. Ihnen zufolge schrieb Caesar diesen Exkurs mit bestimmten Hintergedanken. Durch den Vergleich und das starke hervorheben der Unterschiede wollte er zeigen, dass es sinnvoll sei am Rhein mit der Eroberung aufzuhören. Die Gewichtung auf Religion, Staat und Druiden gäbe es deshalb, um zu zeigen, dass die Gallier schon eine gewisse Kultur hätten und für Integration durchaus zugänglich wären. Die Germanen als wilde Barbaren seien nicht geeignet ins Imperium Romanum aufgenommen zu werden.[10] Diese Argumentation erscheint mir durchaus stichhaltig, besonders wenn man die erwähnten Auffälligkeiten in Betracht zieht.

3.) Der Gallierexkurs als historische Quelle

Will man nun den Gallierexkurs als Quelle für die Kelten heranziehen, sollte man die unter Punkt Eins und Zwei behandelten Dinge berücksichtigen. Es geht hierbei also um die Frage, inwieweit Caesar (bewusst oder unbewusst) die Darstellung für seine Zwecke verzerrt hat. Nun könnte man einwenden der Exkurs sei an sich sowieso wertlos. Denn wenn alle Vermutungen (über versteckte Intentionen) zuträfen, handle es sich ohnehin nur mehr um ein Propagandawerk ohne Wirklichkeitsnähe. Dem kann man – meiner Meinung nach – einiges entgegensetzen. Sicherlich hat der Autor – dort wo es ihm sinnvoll erschien – versucht seine Leser zu manipulieren, aber dies musste auf subtile Weise geschehen. Er konnte nicht einfach die Unwahrheit sagen oder Daten und Fakten völlig verdreht darstellen. Die Manipulation erreicht er durch Überbetonung gewisser Aspekte, Verzerrungen und inhaltlicher Schwerpunkte. Wenn man diese berücksichtigt, können doch einige Informationen aus dem Exkurs gezogen werden. Außerdem ist die Quellenlage zu den Kelten im Allgemeinen so schlecht, dass man über alles Verfügbare froh sein muss.

Die ersten beiden Kapitel (VI, 11 und 12) widmet Caesar den innerstaatlichen Zuständen in Gallien (Partei- und Klientelwesen). Dieses wird auch an anderen Stellen im Bellum Gallicum erwähnt. Solche Informationen waren im Hinblick auf die zukünftige Verwaltung des eroberten Gebietes nicht uninteressant. Bernhard Kremer meint dazu:

„In den Jahren seines militärischen Engagements im freien Gallien hatte er die Gelegenheit, das Funktionieren der maßgeblichen Gewalten wie kein anderer vor ihm gleichsam von innen

---

[10] Vgl. Bernhard Kremer, Keltenbild bis Augustus, 210-19.

kennenzulernen. Vor allem seine diplomatischen Aktivitäten sowie seine umfänglichen Beziehungen zu führenden Persönlichkeiten Galliens, ... , setzten ihn in die Lage, sich hervorragende Kenntnisse über die zum Teil recht komplizierten inner- und zwischenstaatlichen Machtverhältnisse zu schaffen, ... Solche Informationen aber waren gerade für die politisch verantwortlichen Kreise Roms von allergrößtem Interesse. Spätestens nach der Niederwerfung des großen Aufstandes im Jahre 52 v.Chr. musste bei ihnen die Frage nach der Herrschaftsorganisation im unterworfenen Gallien immer stärker in den Vordergrund rücken."[11]

Unter diesem Gesichtspunkt erscheint es unwahrscheinlich, dass hierbei falsche Angaben gemacht wurden. Sehr genau werden dann die Druiden beschrieben, wobei besonders ihre machtvolle Position in Gallien hervorgehoben wird. Diese Passagen sollte man vielleicht etwas vorsichtiger behandeln. Poseidonios schrieb als erster ausführlich über sie. Weitere Angaben finden sich bei Strabon, Diodor von Sizilien und Timagenes, wobei diese von Poseidonios abhängig sind. Caesars Beschreibungen sind weitgehend mit diesen Autoren identisch.[12] Er bietet allerdings zusätzliche Informationen. Nur bei ihm findet man etwas über die Organisation der Druiden, ihre Ausbildung und ihre bedeutende Rolle in der Gesellschaft. Möglicherweise hat der Prokonsul hierbei bewusst übertrieben, um die Überlegenheit der gallischen Kultur gegenüber der germanischen zu zeigen. Denn zu Beginn von VI 21 heißt es, dass die Germanen „nam neque druides habent, qui rebus divinis praesit, neque sacrificiis student."[13] Dieses Hervorheben des Unterschiedes gleich zu Beginn ist schon auffällig. Und Bernhard Maier bemerkt dazu, Caesar rücke die Druiden durch seine Beschreibung in die Nähe der römischen pontifices, was die Integrierbarkeit der Gallier ins Imperium zeigen soll.[14] Andererseits darf man nicht vergessen, dass der Druidenkult später von den Römern verboten wurde und vielleicht wollte der Prokonsul mit der Beschreibung ihre potentielle Gefahr für die römische Herrschaft darstellen.

Kapitel 17 (über die Götter) des Gallierexkurses ist nicht informativ. Caesar verwendet die römischen Namen für die Götter und vermerkt nur, dass sie hauptsächlich Merkur verehrten und von den übrigen Göttern ähnliche Vorstellungen wie die anderen Völker hätten Jacques Moreau schreibt zum Quellenwert des Exkurses für die Religion:

„Von den griechischen und keltischen Texten sind einige wertvoll; andere wie Caesars Bericht im VI. Buch des Gallischen Krieges, bedürfen einer scharfen Kritik, weil sie die Verhältnisse ihrer eigenen Religion in die der Kelten bewusst oder unbewusst hineinprojizieren und auf diese Weise die keltischen Götter und Mythen in ein falsches Licht rücken."[15]

---

[11] Bernhard Kremer, Das Keltenbild bis Augustus, 213.
[12] vgl. Bernhard Maier, Die Kelten. Ihre Geschichte von den Anfängen bis zur Gegenwart (München: Beck 2000) 75-79.
[13] Caesar, Bellum Gallicum VI 21.
[14] Vgl. Bernhard Maier, Die Kelten, 78.
[15] Jaques Moreau, Die Welt der Kelten (Stuttgart 1958) 100.

Über das Volk erfahren wir aus dem Bericht nur, dass es eine untergeordnete Stellung einnimmt und von den führenden Klassen (Druiden und Ritter) unterdrückt wird. Auch seien die Gallier sehr abergläubisch und brächten Menschenopfer dar, bei denen die Druiden eine zentrale Rolle einnehmen. Als Stammvater des Volkes wird der Pater Dis (Pluto) gesehen. Die Informationen über Eherecht und Gebräuche erscheinen barbarisch. Kapitel 21 berichtet von einer Art Zensur, welche die Stammesführung ausüben kann und erwähnt Stammesversammlungen.

Zusammenfassen kann man sagen, der Gallierexkurs ist in erster Linie als Quelle für die politisch-staatlichen Zustände in Gallien und die Druiden zu verwenden. Auch kann man aus dem Bericht einige Rückschlüsse auf die Mentalität der Bevölkerung ziehen. Obwohl er durch verschiedene Umstände teilweise stark gefärbt ist, sollte man seine Bedeutung für die historische Forschung nicht unterschätzen.

4.) Rezeption

Caesars Gallischer Krieg ist wohl jedem geläufig, der Latein lernt oder gelernt hat. Insofern genießt das Werk nach mehr als zweitausend Jahren noch immer eine große Bekanntheit. Welch vielfältige Verwendung der Gallierexkurs außerhalb der Wissenschaft gefunden hat, möchte ich an den folgenden Beispielen demonstrieren:

```
Asterix Archiv - Miraculix Miraculix
    Der ehrwürdige Druide des Dorfes, schneidet Misteln und braut
    Zaubertränke. Sein größter Erfolg ist ein Trank, der übermenschliche
    Kräfte verleiht (siehe Zaubertrank). Doch Miraculix hat noch andere
    Rezepte in Reserve, über die bereits in einem eigenen Special
    nachgelesen werden kann.
    Miraculix´ Name leitet sich vom Wort Mirakel ("Wunderwerk") ab. Im
    Original heißt er Panoramix, was seiner Rolle in den Asterix-Heften
    sehr nahe kommt, denn dies bedeutet im Zusammenhang: panorama =
    Rundblick; sinngemäß: Weitsicht.
    Durch einen Hinkelsteinwurf vergißt er vorübergehend das Rezept des
    Zaubertrankes und leidet unter allgemeiner Amnesie - IV/12. Miraculix
    gewinnt im Karnutenwaldtreffen den „goldenen Hinkelstein" als bester
    Druide - VII/13
    Zurück
    Neue Suche

letzte Änderung dieses Eintrages: 6. November 1999
Deutsches Asterix Archiv - © by Marco Mütz 1998-2003
alle Zeichnungen auf dieser Homepage: Albert Uderzo - © Les Editions
ALBERT-RENÉ, GOSCINNY-UDERZO
```

Quelle: Deutsches Asterix Archiv, www.comedix.de

DE BELLO GALLICO
DIE KAPITEL

© by Marco Mütz 1998-2003, Deutsches Asterix Archiv

zum Lexikon

Es folgen die Bezüge aus den Asterix-Bänden zu Cäsars Werk "De Bello Gallico". Direkten Zugriff auf bisher übersetzte Kapitel erhalten Sie über die Kapitelübersicht.

Bezüge zu Asterix

Vieles in Asterix läßt sich auf Aussagen Cäsars aus dessen Werk über den gallischen Krieg zurückführen. Darin beschreibt er die Geschehnisse in Gallien, zum einen für die Historiker, aber auch, um vor seinen Zeitgenossen und politischen Gegnern seine des öfteren recht selbstherrlichen Maßnahmen zu begründen. Seine Sprache ist die eines Soldaten und großen Feldherrn, klar, knapp, sachlich, ungekünstelt, leidenschaftslos. Er ist ein vollendeter Stilist, der verständlich für jeden, auch den Nichtfachmann, schreibt.

Gleich zu Beginn von Band XXX **"Obelix auf Kreuzfahrt"** erwähnt Cäsar sein 'Bellum Gallicum'. Als Autor nimmt Cäsar die Stellung eines Beobachters ein, indem er von sich selbst in der dritten Person spricht, was in Band XVII **"Die Trabantenstadt"** auf die Schippe genommen wird. Die anderen Bezüge zu den Bänden in chronologischer Erscheinungsweise der Asterix-Alben:

- Über Vercingetorix und wie er Chef wurde schreibt Cäsar ebenfalls in seinen Büchern. In Buch VII, Kapitel 4. Über die Schlauheit der Gallier wird in Kapitel 22 berichtet. Seine Niederlage bei der Belagerung von Gergovia, die in diversen Bänden erwähnt wird, versucht Cäsar in Kapitel 53 zu verharmlosen. Zu seinem äußerlichen Erscheinungsbild schreibt er in Kapitel 88 folgendes. Im gleichen Kapitel schreibt er über die Niederlage der Gallier bei Alesia...
- Die anschließende Kapitulation des gallischen Führers Vercingetorix wird in Kapitel 89 beschrieben. Bezüge dazu finden sich in Band I **"Asterix der Gallier"**, XI **"Asterix und der Arvernerschild"**, XVII **"Die Trabantenstadt"**
- In den Bänden V **"Die goldene Sichel"**, VII **"Asterix und die Goten"**, XIX **"Der Seher"** hören wir von dem Jahrestreffen der Druiden im Karnutenwald. Dazu schreibt Cäsar in Buch VI ab Kapitel 13.
- In Band VIII **"Asterix bei den Briten"** wird berichtet, daß die Britannier den Galliern oft im Kampf beigestanden hatten. Dies kann man in Buch III nachlesen. Direkt im Anschluß an die berühmte Rheinüberquerung und dem 18-tägigen Ausflug zu den Germanen (letztendlich ein Mißerfolg) wendet sich Cäsar nach Britannien. VIII **"Asterix bei den Briten"**. Dies erwähnt er in Buch IV. Doch damit ist Britannien noch nicht erobert. Davon erzählt Cäsar in Buch V.
- In Band XIV **"Asterix in Spanien"** ehrt Cäsar seine berühmte X. Legion.

Das Äquivalent dazu findet sich ebenfalls in Cäsars 'Bello Gallico'.
- In Band XVI "**Asterix bei den Schweizern**" wird mehrmals erwähnt, daß Cäsar eine Brücke zerstört hat. Wie es dazu kam, erzählen die Kapitel 6 und ganz besonders Kapitel 7.
- In Band XIX "**Der Seher**" wird viel über Götter gesprochen. Über die gallische Götterwelt sagt Cäsar in Buch VI ab Kapitel 16 folgendes.
- Der Ausgangspunkt der Handlung von Band XXIV "Asterix bei den Belgiern" findet sich direkt im ersten Kapitel wieder. Cäsar hält von allen Galliern die Belgier am tapfersten, was unserem Freund Majestix doch sehr mißfällt. In Buch VIII, Kapitel 54 nimmt Cäsar noch einmal Stellung zu den Belgiern.

Die Bezüge zu den Asterix-Bänden wurden von **Georg Theis** zusammengestellt und mit freundlicher Genehmigung aus seiner Asterix Fan Page entnommen. Den lateinischen Originaltext finden Sie auf der Seite des Perseus Projektes.

Quelle: Deutsches Asterix Archiv, www.comedix.de

Aber nicht nur die Autoren von Asterix haben Caesar als Quelle verwendet:

Das Druidentum

Heutzutage gilt vor allem dem keltischen Glauben und der Religionsform des Druidentums das größte Interesse dieser vorzeitlichen Kultur. Doch was sind die Druiden?

Die Druiden kannten und bewahrten die religiösen und kulturellen Traditionen der Kelten. Man vermutet, daß die Druiden ihre Lehren durch Gesänge in Versform weitergaben (Barden). An einen Druiden wurden höchste Anforderungen gestellt. Er war der Herr der magischen Gesänge und ihm gebührte das Amt des Sehers, der es vermochte im Buch des Schicksals zu lesen.

Aus antiken Qullen geht hervor, daß Druiden auch als Botschafter ihrers Volkes dienten und zu Kriegszeiten mit ihrem religiösen Rat zur Seite standen. Nicht zu vergessen ist jedoch auch die Funktion des Heilkundigen, wobei die Pflanzenform der Mistel eine besondere Stellung einnahm. Sie durfte nur im weißem Gewand mit einer goldenen Sichel geerntet werden, und galt als Allerheilmittel.

Julius Cäsar beschreibt in seinen Aufzeichnungen „Der Gallische Krieg" die Druiden wie folgt:

„In ganz Gallien gibt es zwei Klassen von Menschen, die Geltung und Ehre genießen.

Die eine Klasse ist die der Druieden, die andere die der Equtes. Die Druiden versehen den Götterdienst, besorgen die öffentlichen und privaten Opfer und legen die Religions-satzung aus. Bei ihnen finden sich junge Männer in großer Zahl zur Unterweisung ein, und sie genießen hohe Verehrung, denn sie entscheiden bei fast allen Streitigkeiten"...

Somit dienten die Druiden auch als Herren der Rechtssprechung, als Richter und Schlichter und als Hüter des Wissens.

Quelle: www.launet.de

Bibliographie

C. Iulius Caesar, Der Gallische Krieg. Lateinisch-deutsch (ed. Otto Schönberger, Sammlung Tusculum), (München 1990).

Franz Beckmann, Geographie und Ethnographie in Caesars Bellum Gallicum (Dortmund 1930).

Bernhard Kremer, Das Bild der Kelten bis in augusteische Zeit. Studien eines antiken Feindbildes bei griechischen und römischen Autoren (= Historia: Einzelschriften. 88.), (Stuttgart 1994).

Torsten Lorenz, Caesar. De bello Gallico VI 11-20. Der Gallierexkurs, www.bellogallico.de

Bernhard Maier, Die Kelten. Ihre Geschichte von den Anfängen bis zur Gegenwart (München 2000).

Jaques Moreau, Die Welt der Kelten (Stuttgart 1958).

Quellen zur Rezeption

Deutsches Asterix Archiv, www.comedix.de

www.launet.de